AMOR AL PRIMER ¡MUJIDO!

por

LAURA MATSUDA

SIMPLY BEST READS

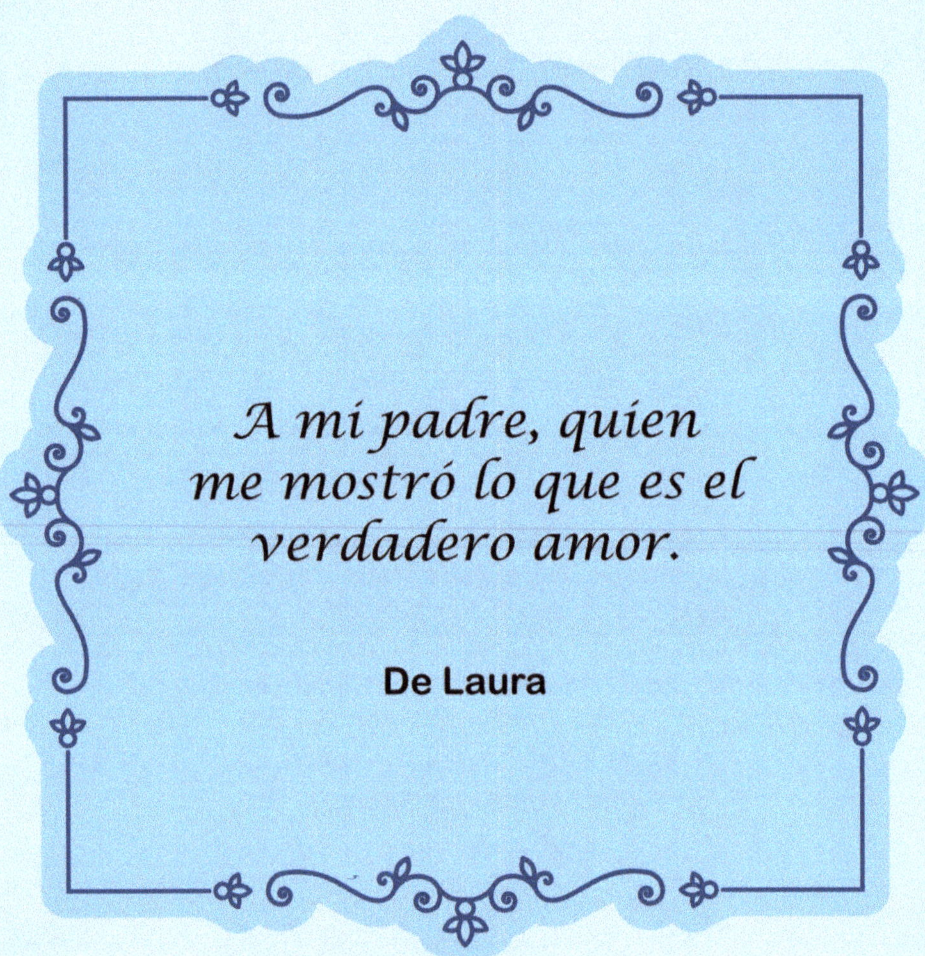

Este libro pertenece a:

____

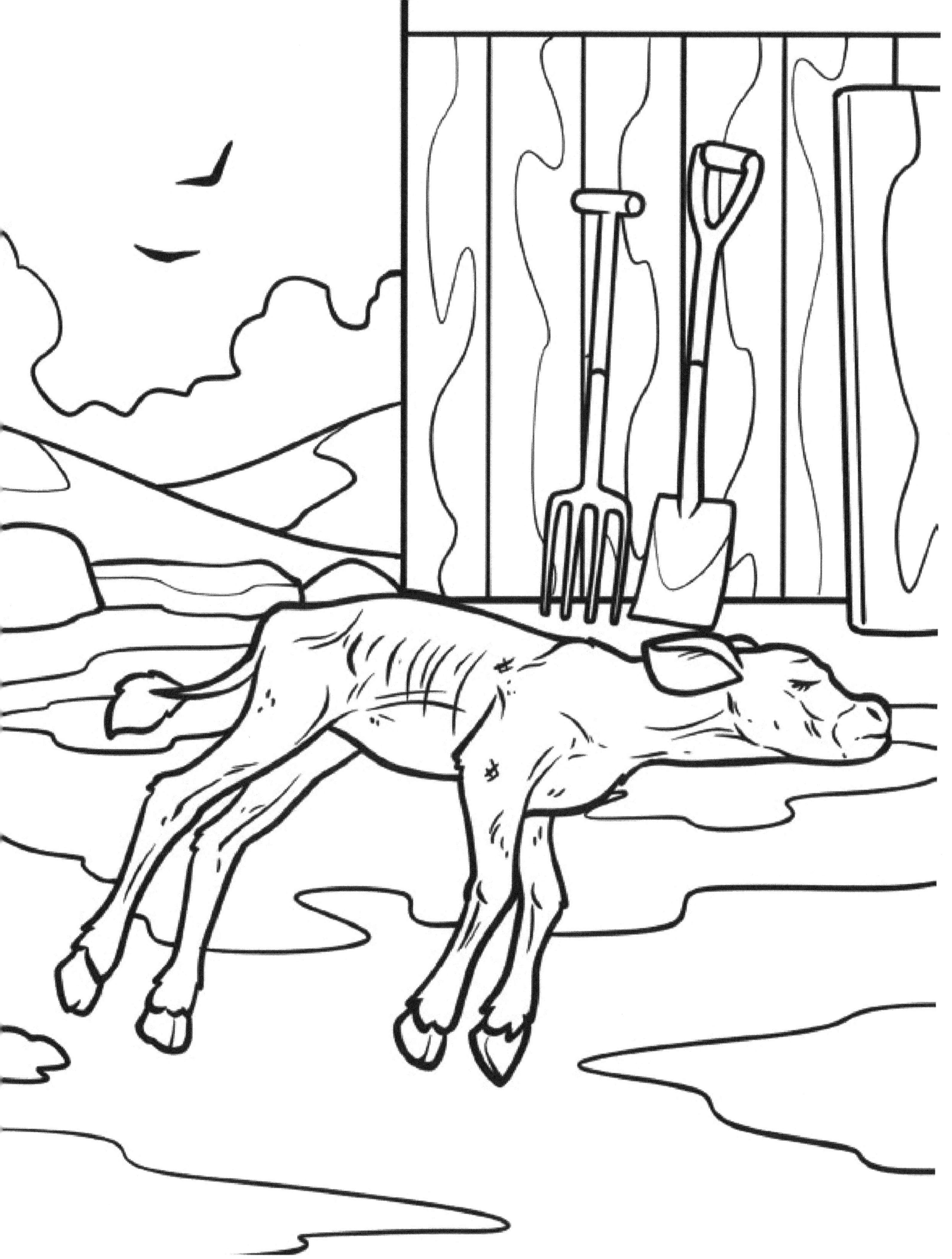

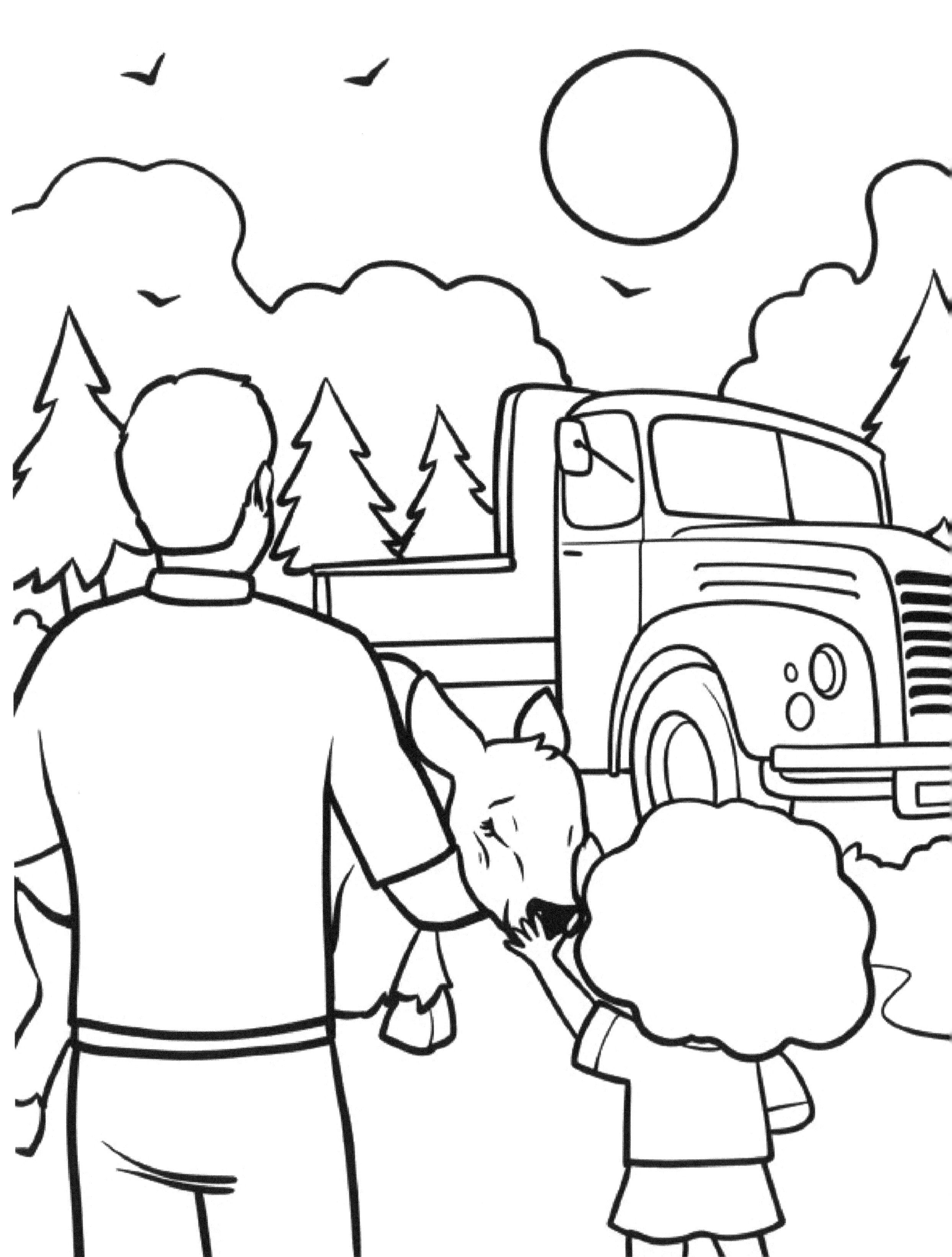

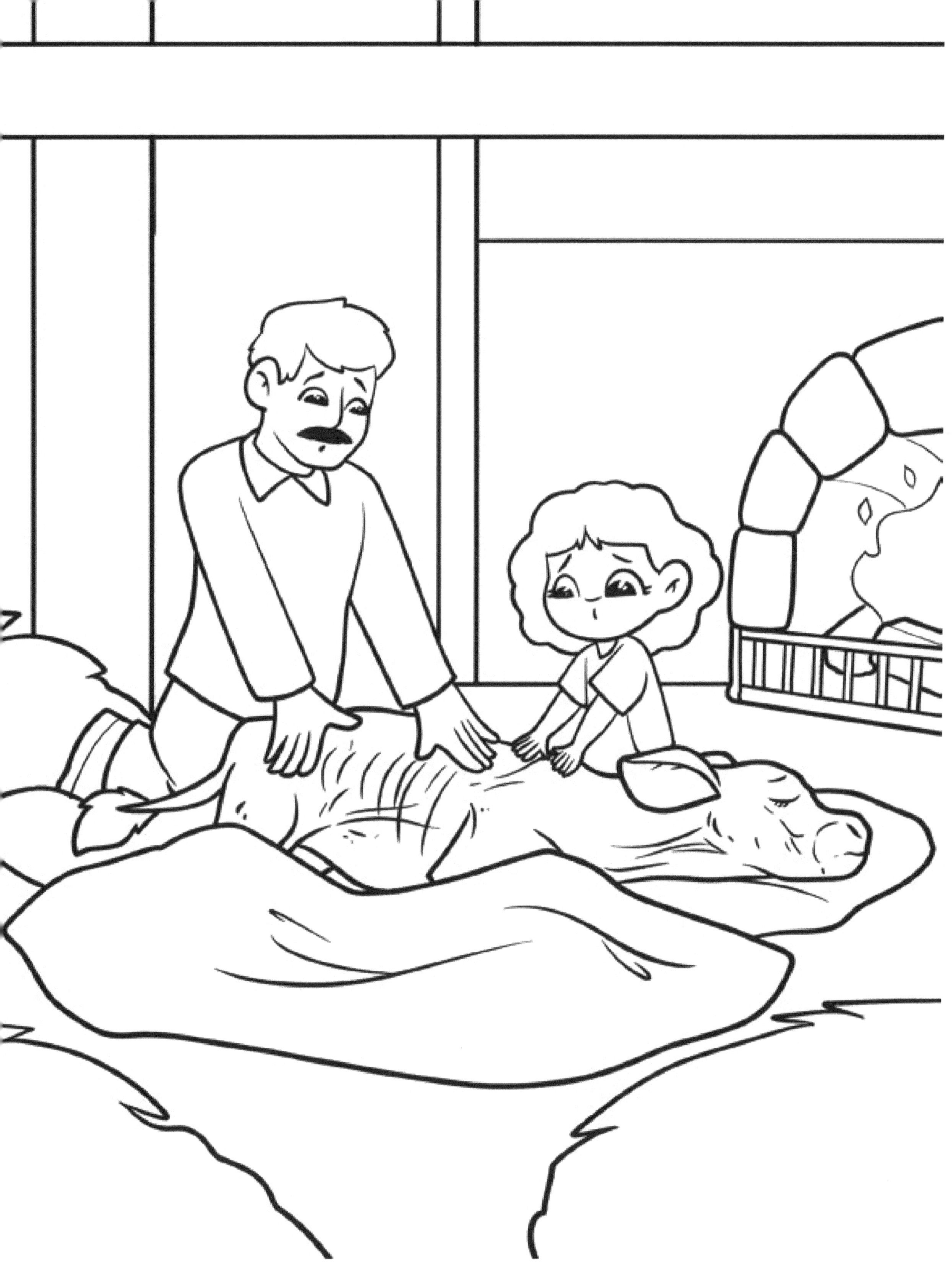

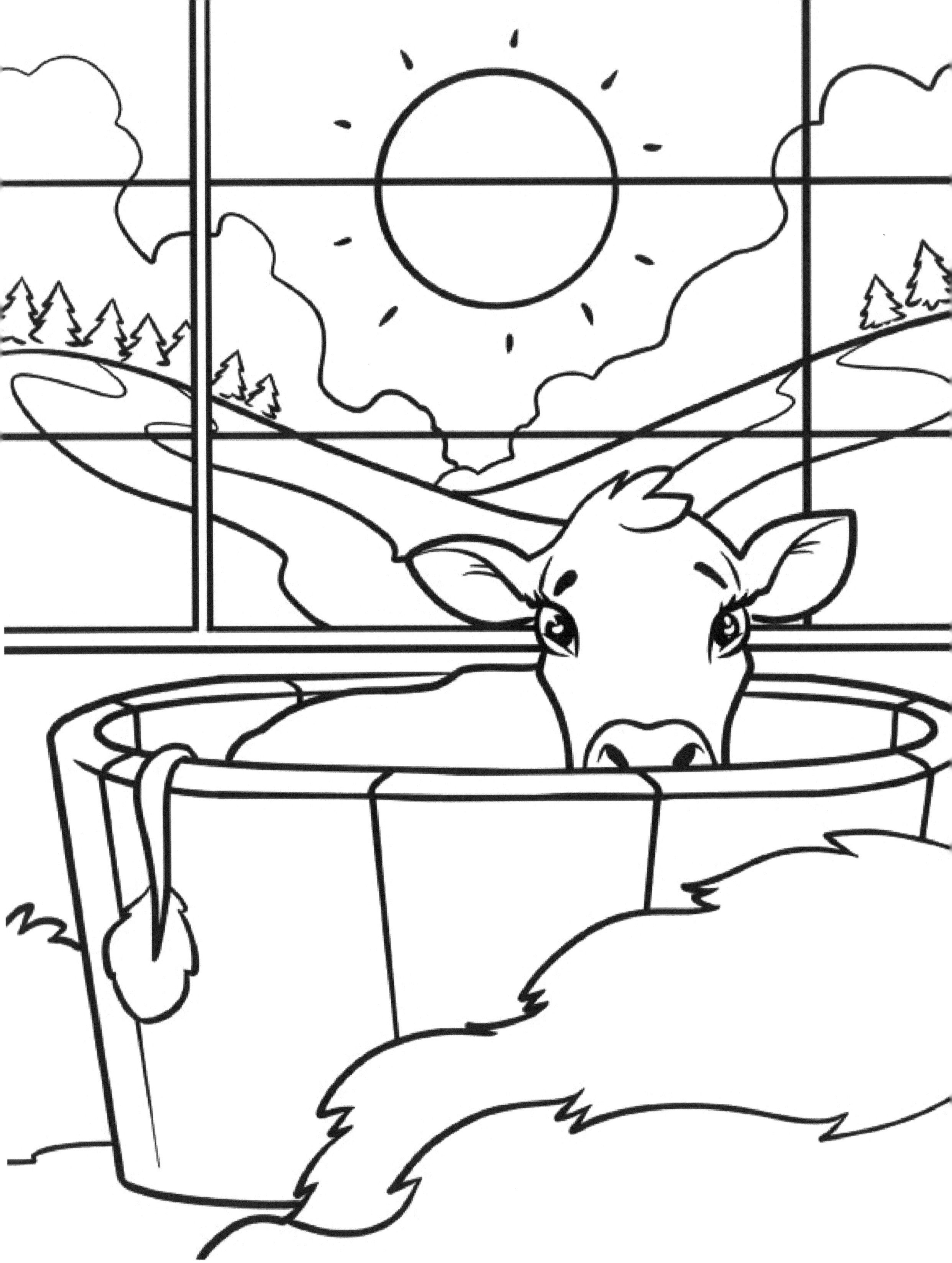

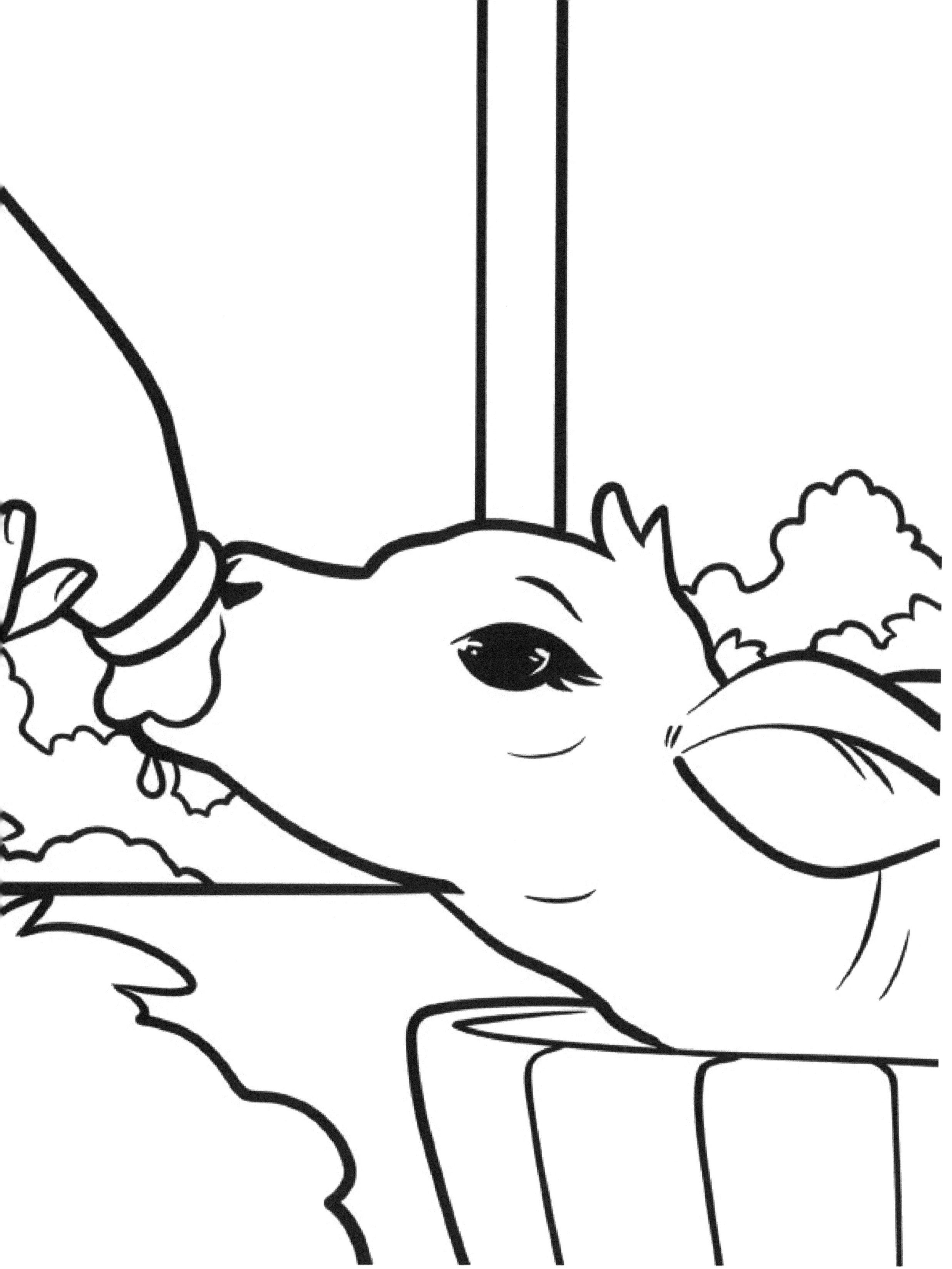

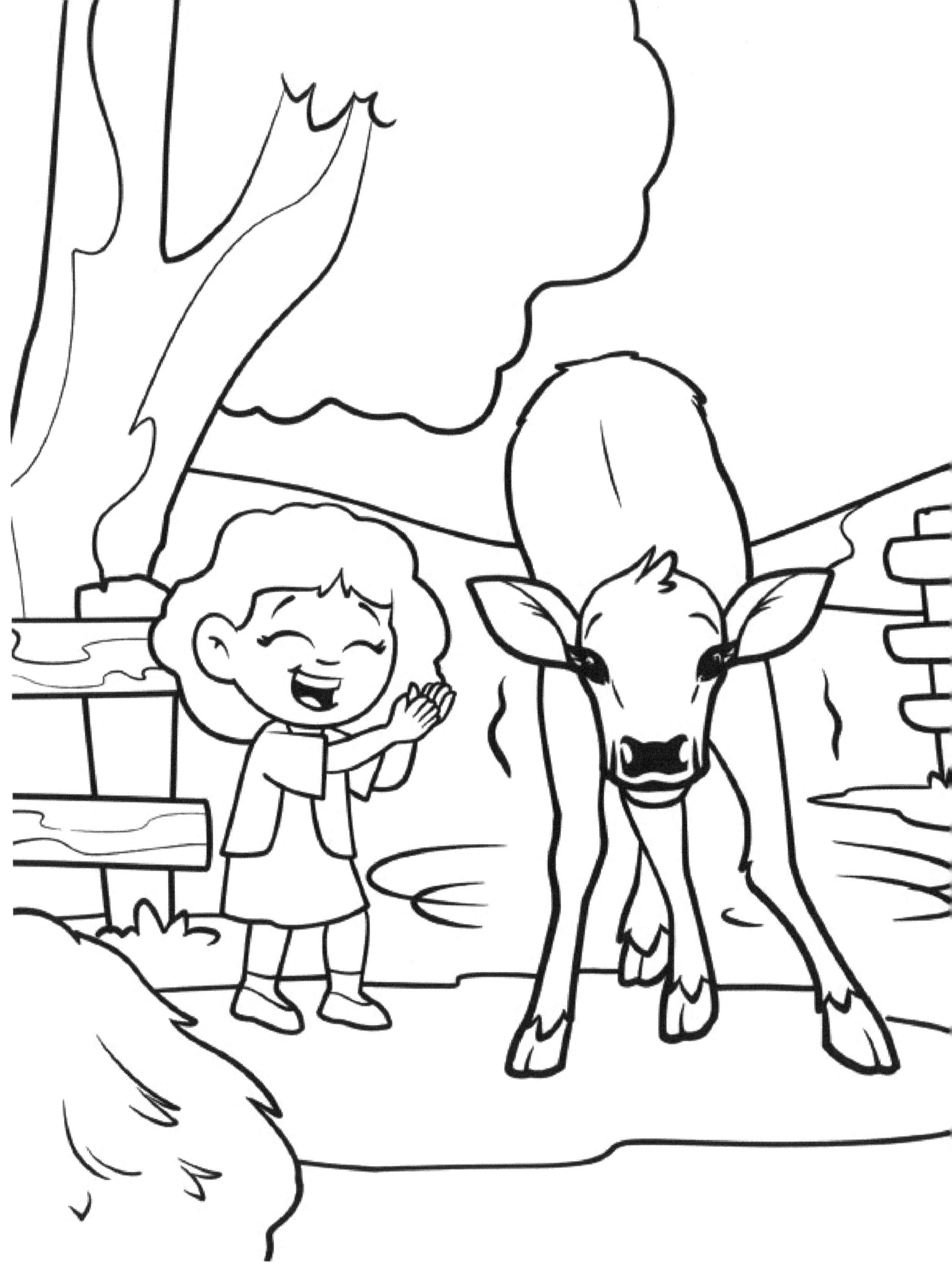

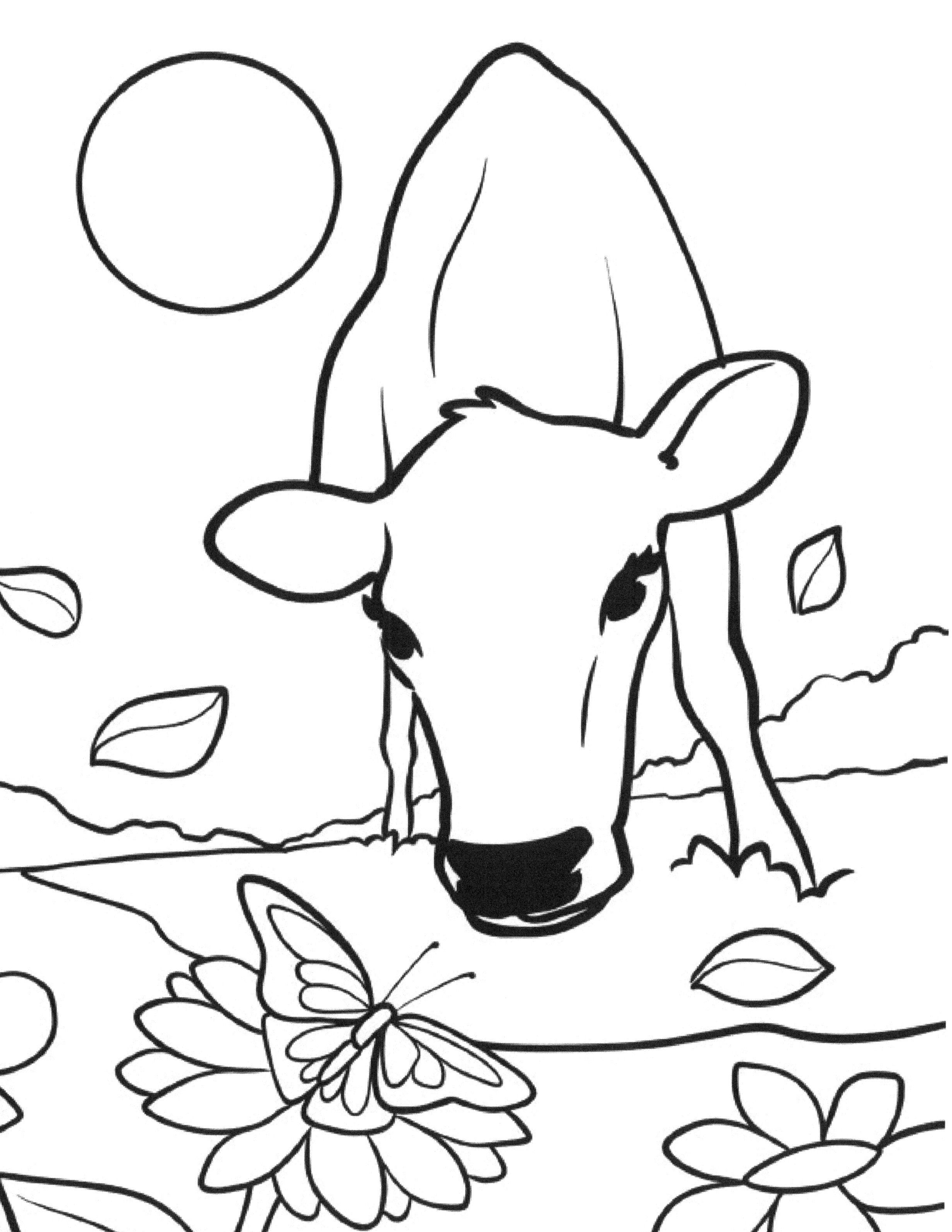

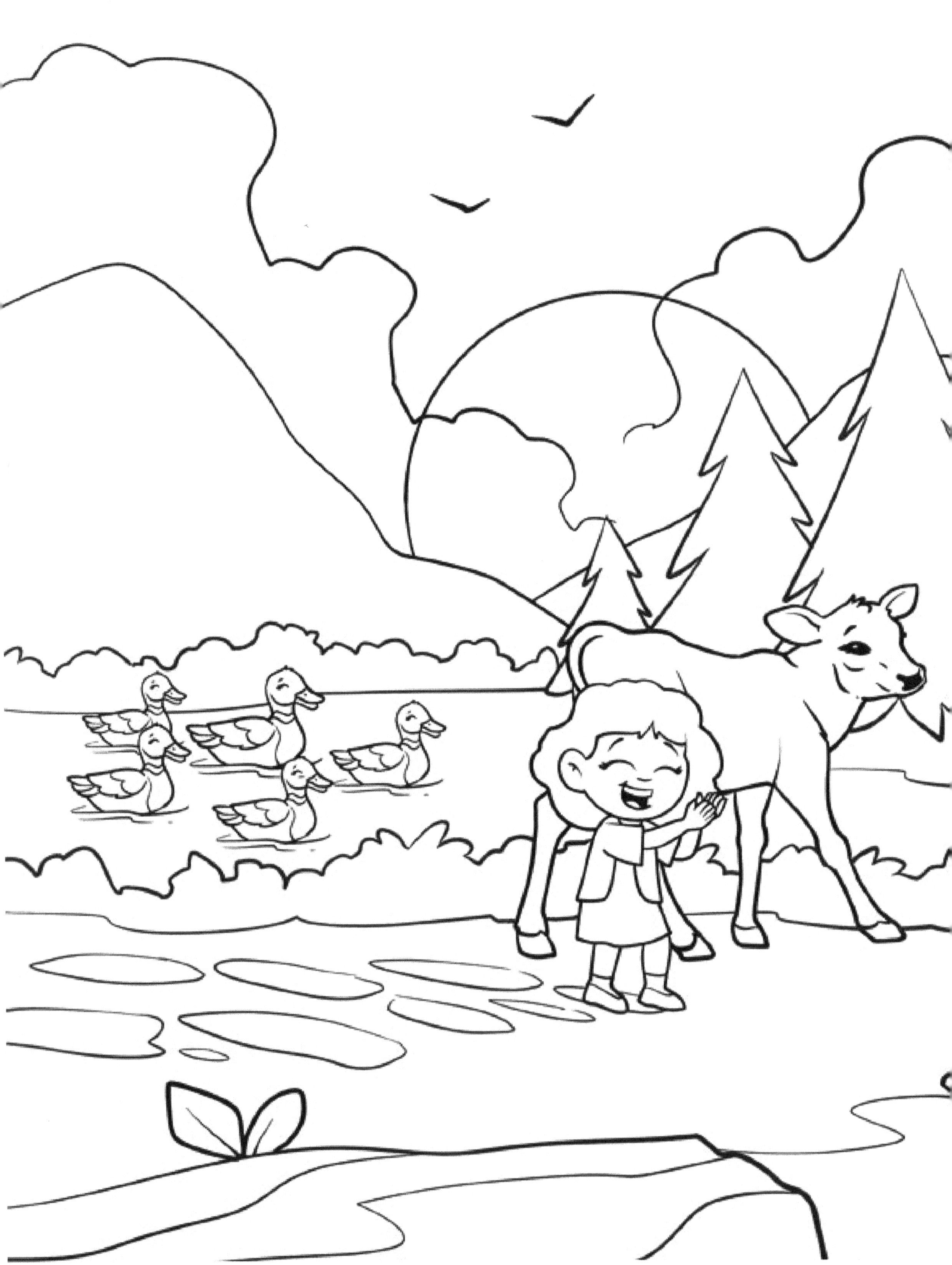

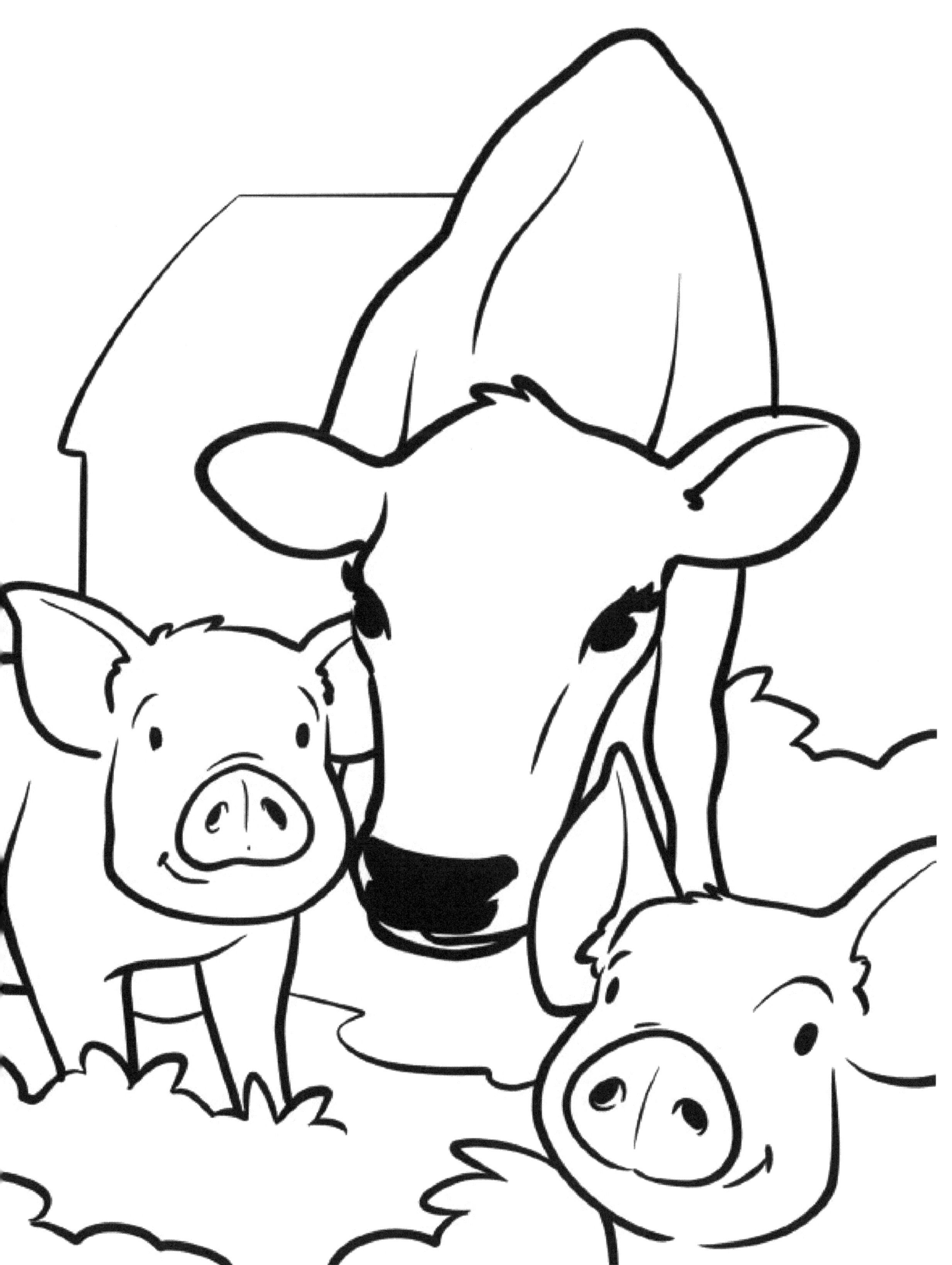

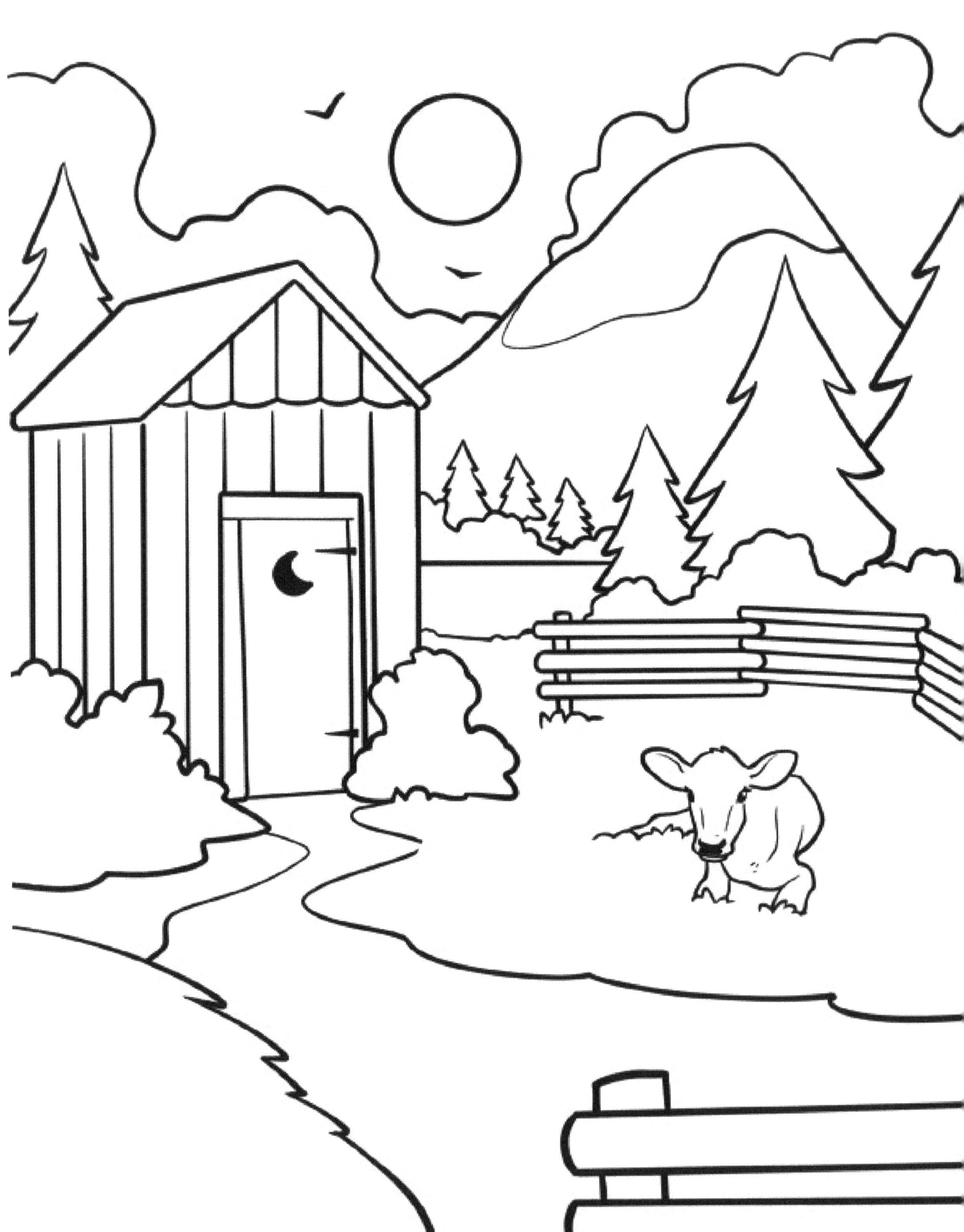

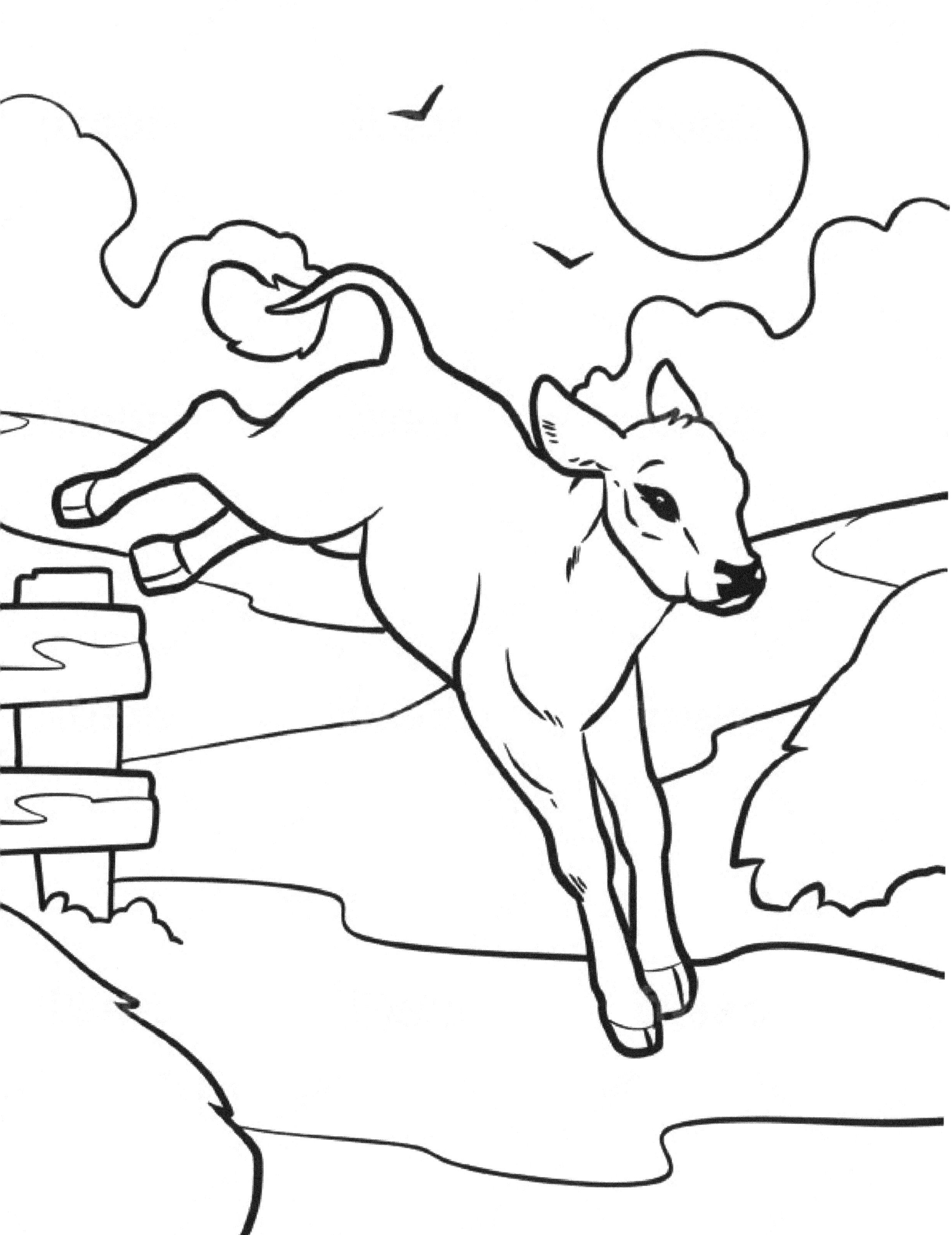

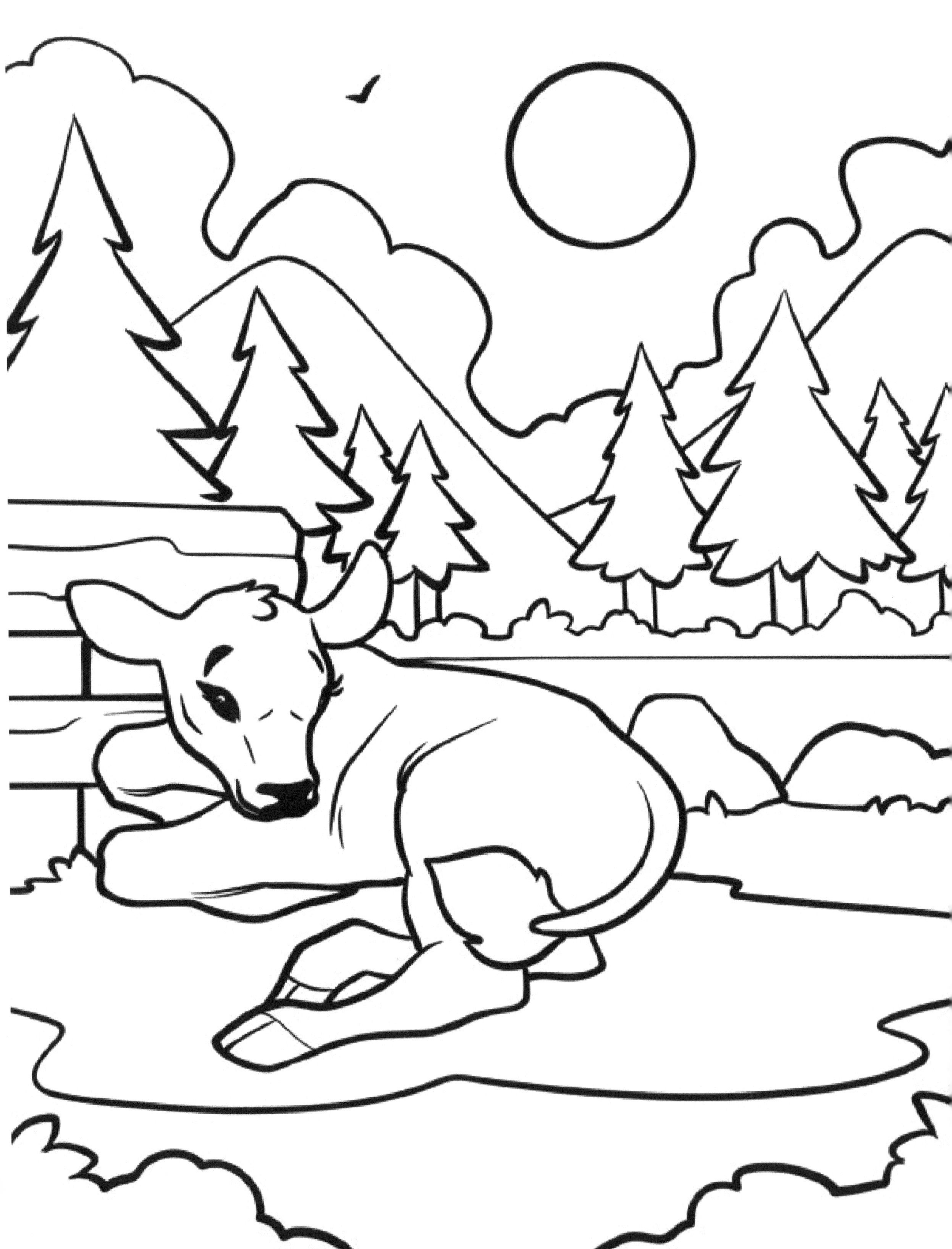

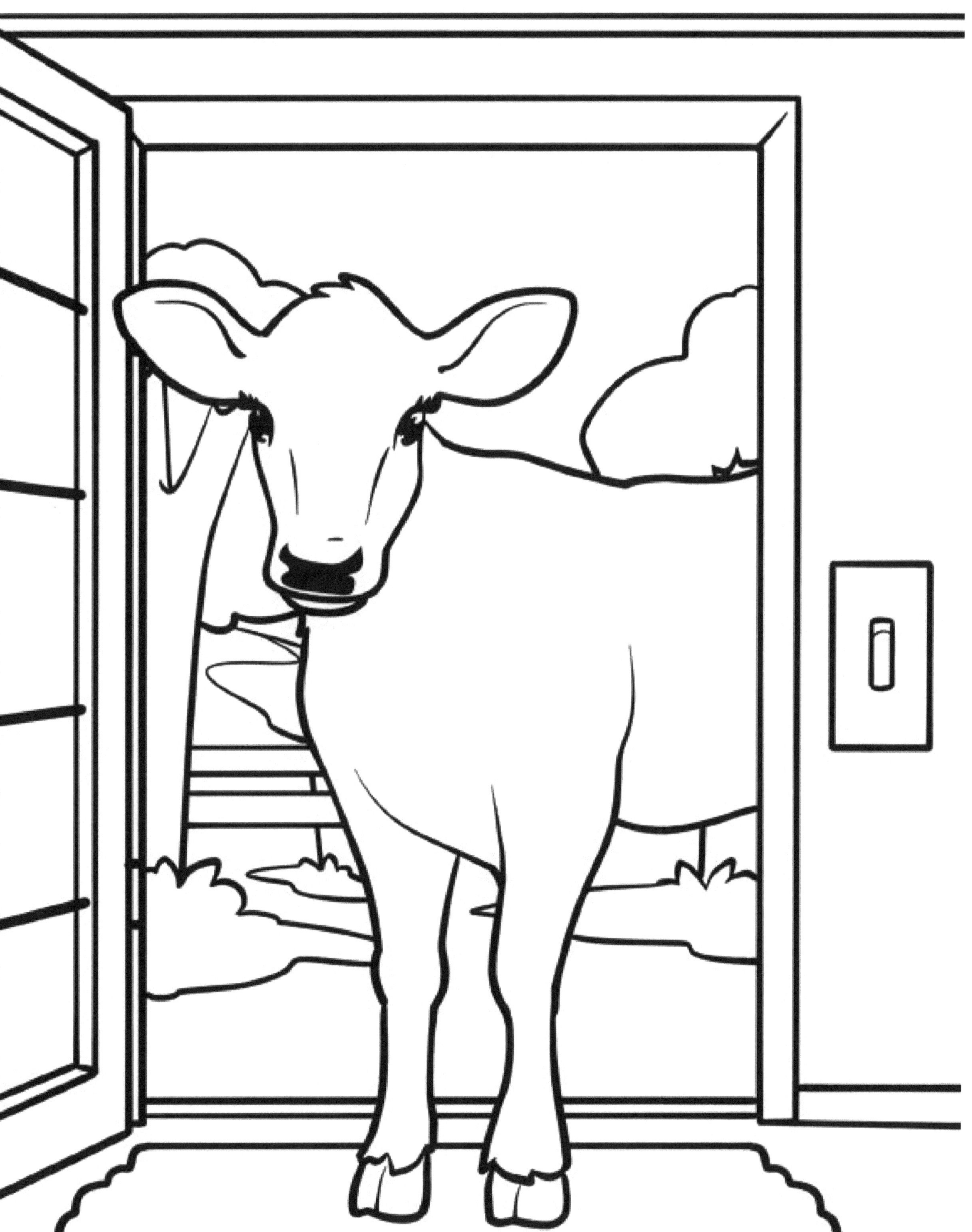

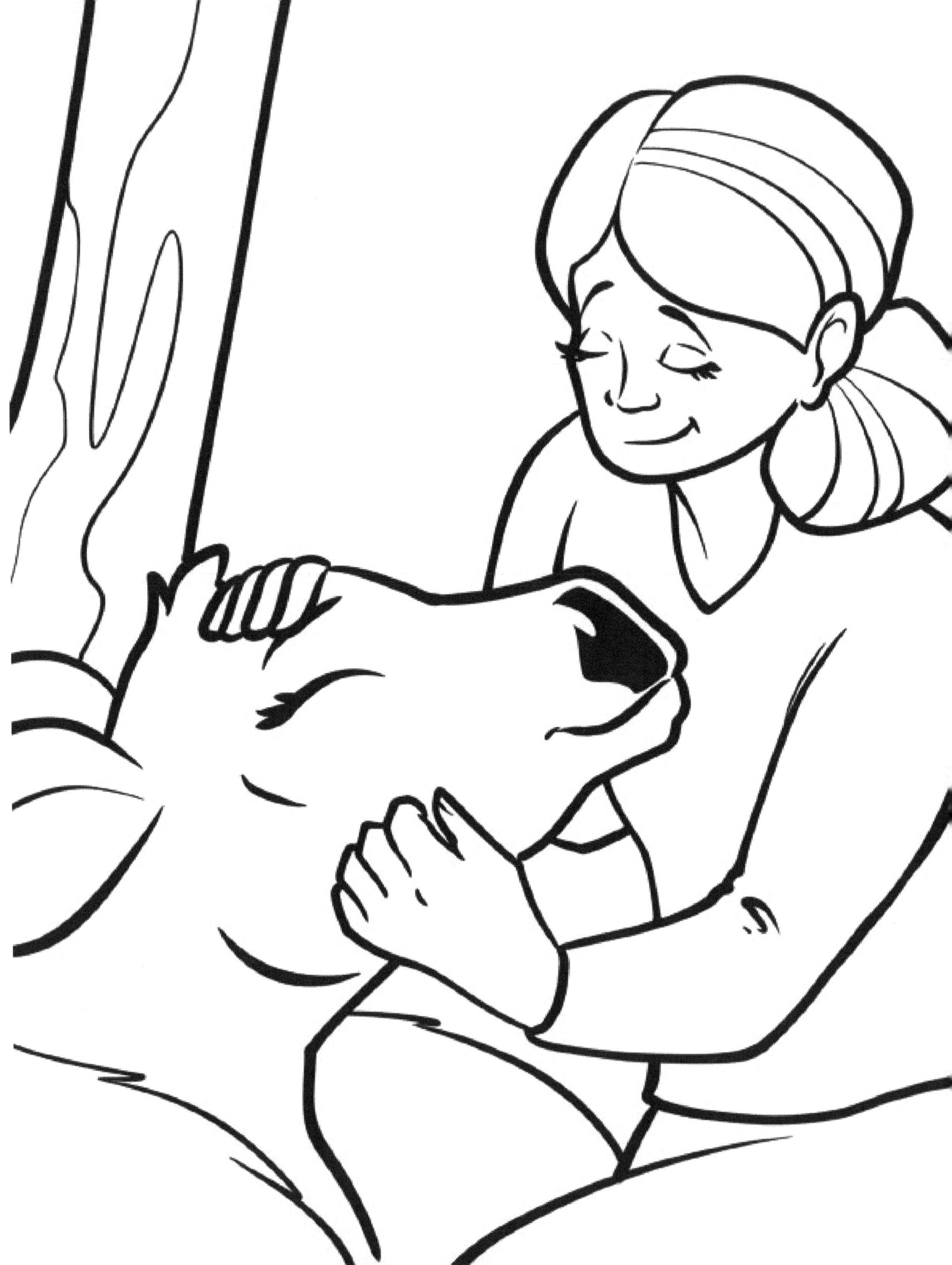

A principios del invierno, recibí una carta de mi padre..

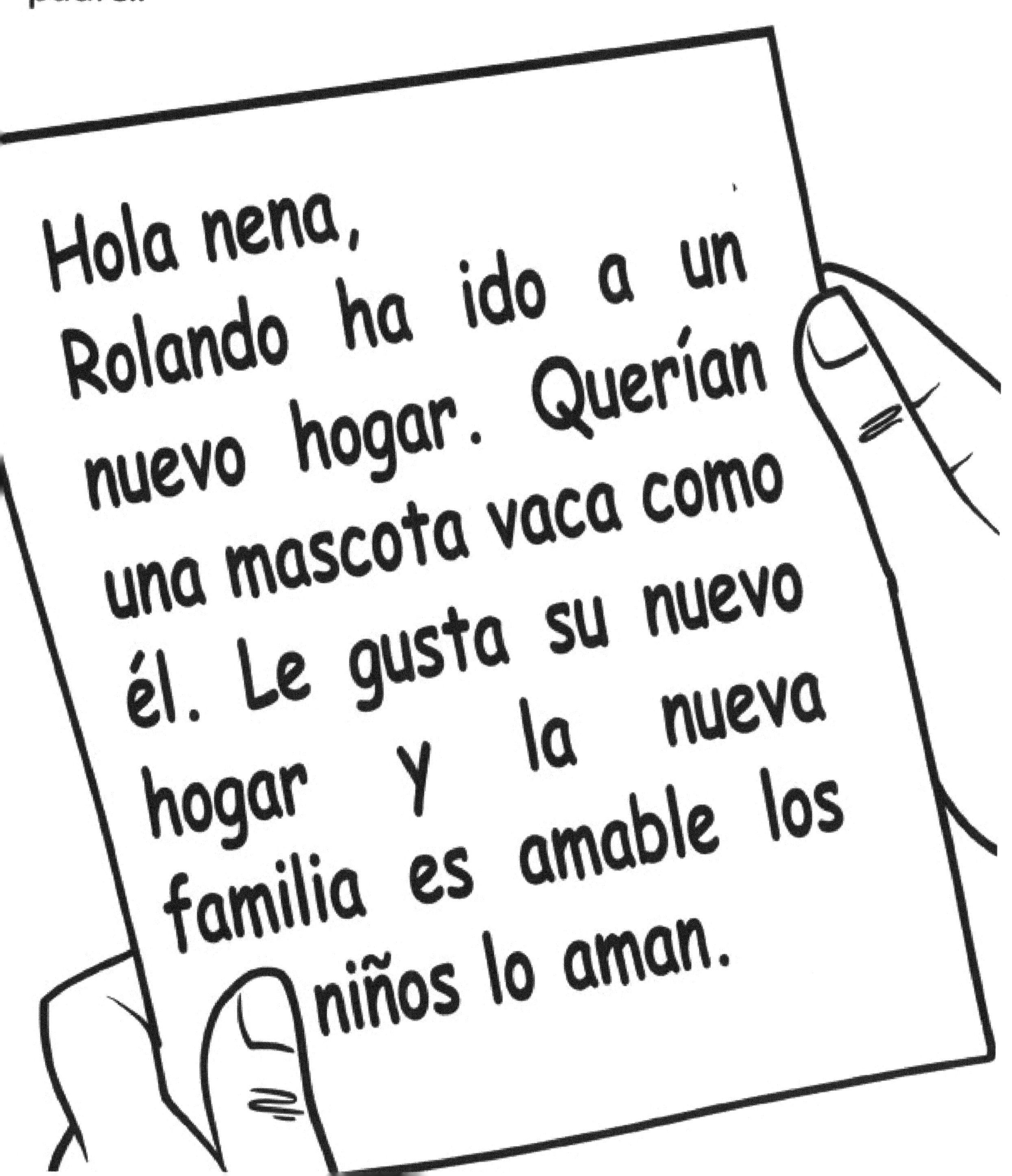

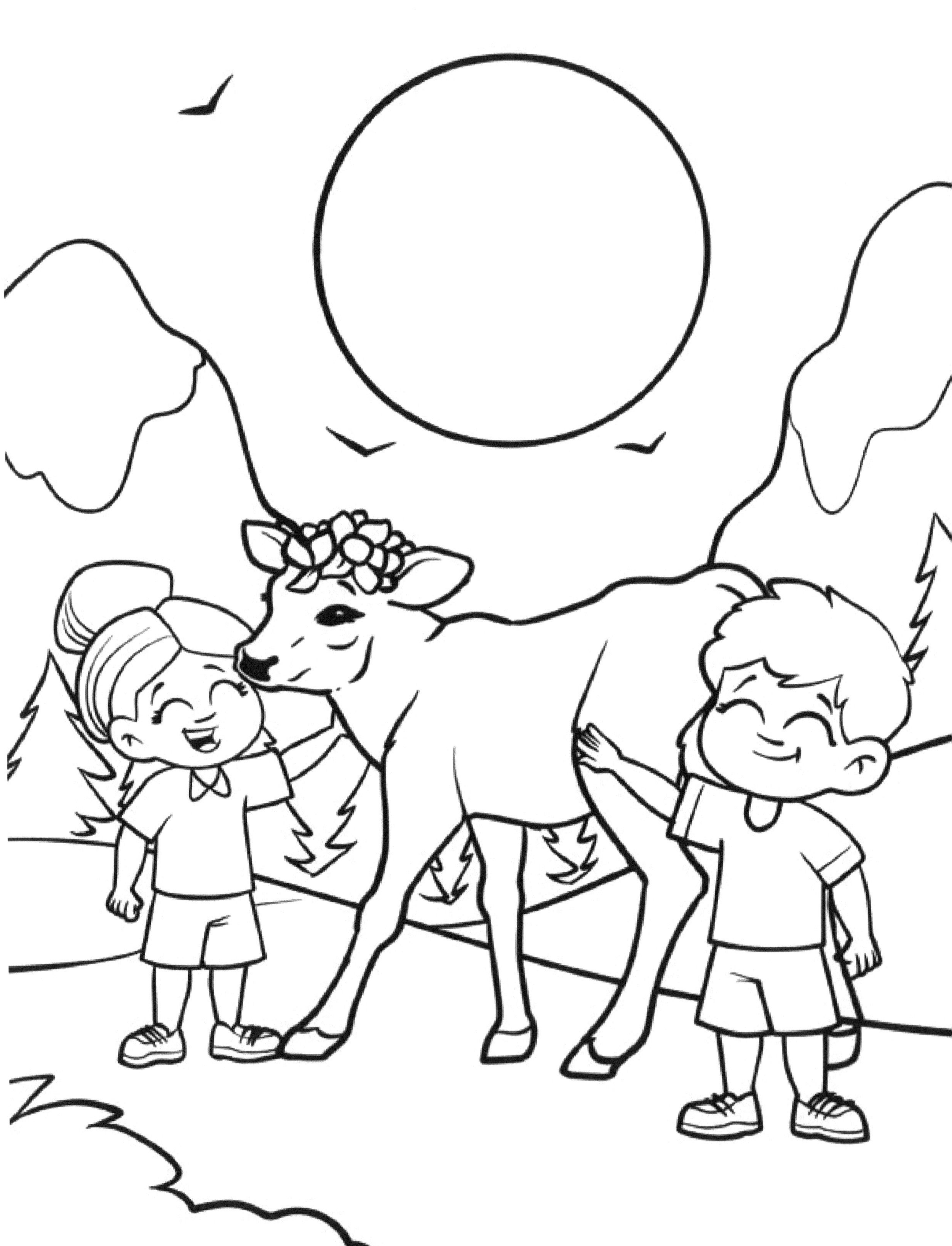

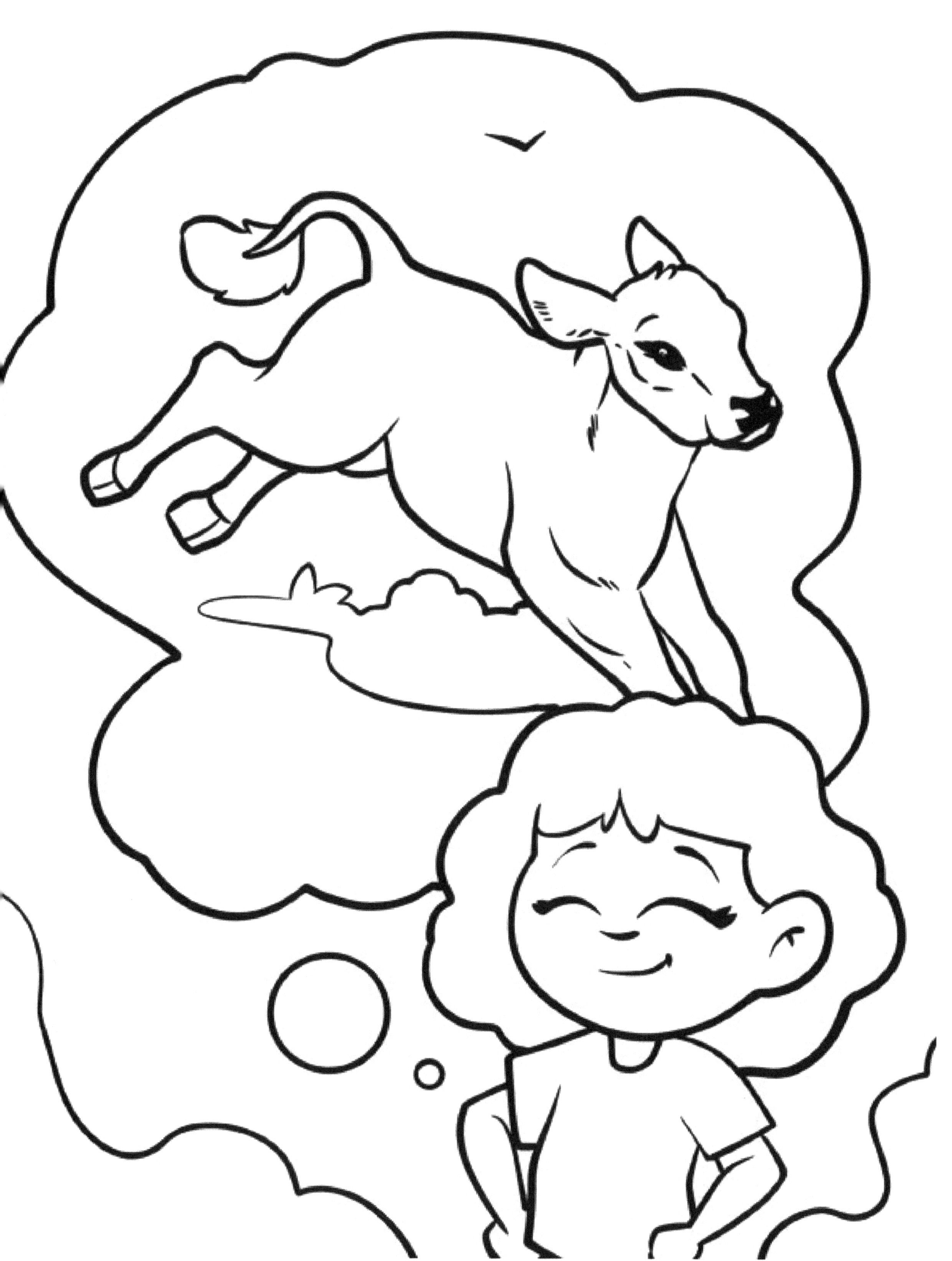

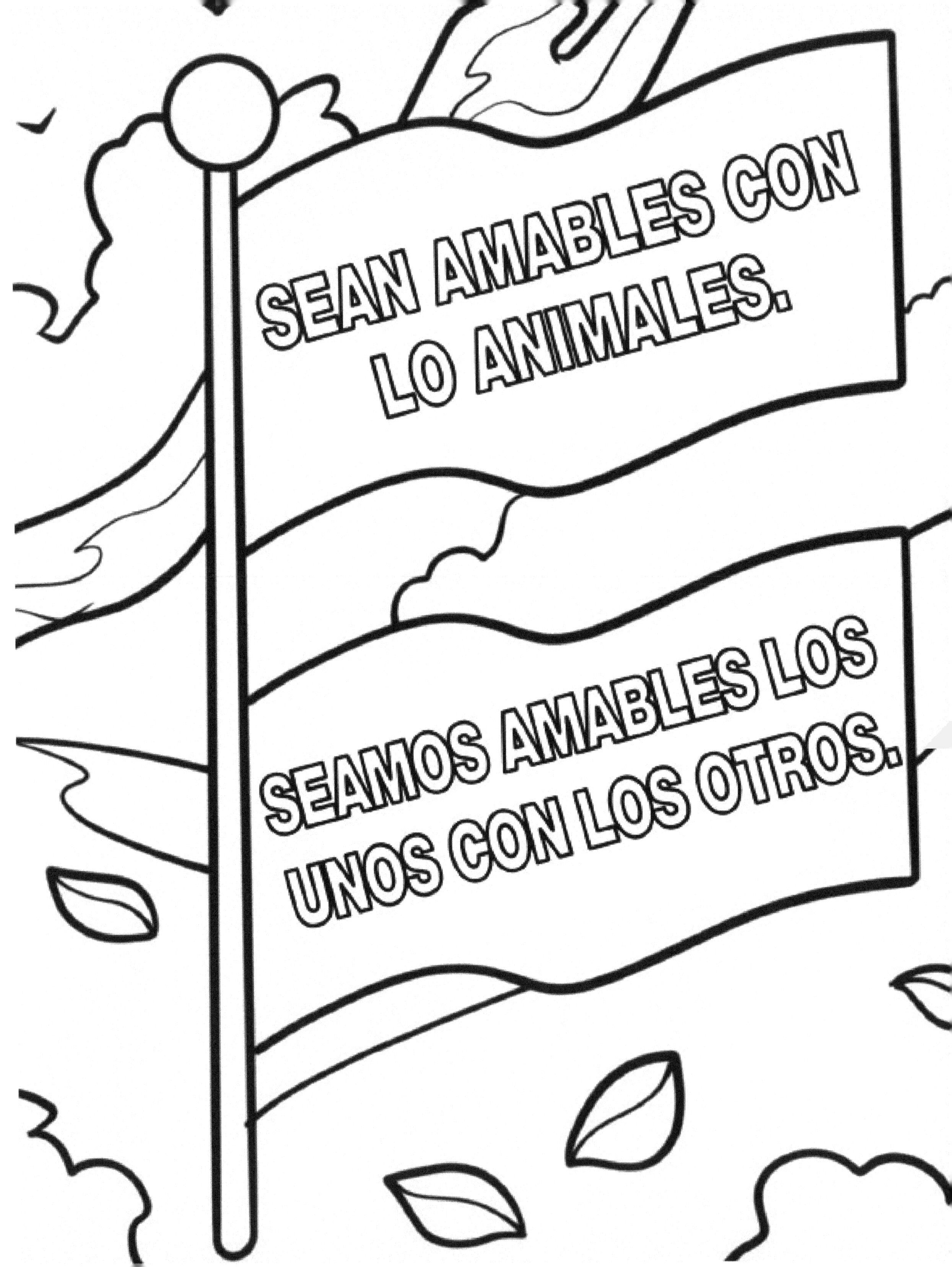

SEAN AMABLES CON
LO ANIMALES.
SEAMOS AMABLES LOS
UNOS CON LOS OTROS.

Sobre la autora

"Hija de gandero, esposa, madre,
mediadora, capacitadora, oradora,
autor infantil.
Estos libros afirman los valores probados de la familia,
la ayuda a los demás, la vida interdependiente, y con
respeto, con personas y animales
"¡A los niños les encantarán estas historias!"